DE LA

CONSTITUTION,

ET DES

LOIS FONDAMENTALES

DE LA

MONARCHIE FRANÇAISE.

DE LA

CONSTITUTION,

ET DES

LOIS FONDAMENTALES

DE LA

MONARCHIE FRANÇAISE;

PAR M. CH. DELALOT.

De minoribus rebus principes consultant,
de majoribus omnes.

TAC. *Germ.* cap. XI.

PARIS,

LE NORMANT, IMPRIMEUR-LIBRAIRE.

1814.

AVANT-PROPOS.

Cet écrit paroît un peu tard : ce n'est pas la faute de l'auteur, mais de son siècle. Depuis vingt-cinq ans, les constitutions naissent et meurent, avant qu'on ait eu le loisir d'y penser. Celle qui se prépare sera fondée sans doute sur des principes qui lui assureront une plus longue vie. L'espoir d'y contribuer a seul inspiré ce qu'on va lire, et sa publication eût été moins tardive, si l'auteur eût pensé que le défaut de temps pût faire excuser celui de méditation. Mais avec le dessein de remettre en honneur des lois éternelles, il semble pouvoir se promettre un intérêt plus durable que les circonstances présentes.

Les vérités que l'auteur y soutient ont été pour lui des vérités de tous les temps. Il doit lui être permis de le dire, pour l'honneur de sa foi et de ses principes. Il les a défendues au jour du péril, et son nom fut inscrit parmi les victimes auxquelles on étoit malheureux de survivre (1).

____

(1) L'auteur fut condamné à mort à l'âge de vingt-trois ans, par une commission mili-

Que ce souvenir ne le rende point suspect de ressentiment: le cœur a tout oublié; la raison seule rappelle les faits pour en profiter, et l'énergie de l'expression n'est qu'un désir plus ardent de rectifier et d'instruire.

---

taire, comme l'un des chefs d'une conspiration tendante à rétablir la Royauté.

DE LA

CONSTITUTION,

ET DES

LOIS FONDAMENTALES

DE LA

MONARCHIE FRANÇAISE.

———

Mon dessein est de faire voir quelle a
été la constitution de notre ancienne
monarchie. Je remonterai jusqu'aux
premiers principes de ses lois fondamentales : j'en montrerai l'esprit, le

caractère , libres au-delà de ce qu'on peut penser, même sous les mauvais rois ; leur constante uniformité , dans le cours varié des siècles ; leur antiquité vénérable, dont notre ignorance et notre jeunesse pouvoient seules méconnoître la majesté.

Ceux qui parlent des théories de la raison moderne , semblent ne pas soupçonner qu'avant leur courte existence , il y avoit une raison ancienne consacrée par le respect de tous les âges. Ils apprendront peut-être avec étonnement que la plus puissante et la plus ancienne monarchie de l'Europe avoit dans son sein les principes du meilleur ordre politique et de la constitution la plus durable. Ce sera pour eux une nouveauté , et néanmoins un scandale. Ceux qui cherchent encore la liberté dans les routes nouvelles , s'étonneront que nos ancêtres aient été le peuple le plus libre et le plus sage de l'univers ; mais la postérité admirera le caractère singulier de tant de législateurs qui , voulant donner des constitutions à la France , ont ignoré aussi profondément son histoire et ses lois , que si un nouveau déluge en avoit abîmé tous les monumens. Ils avoient étudié l'histoire de la Grèce et le gouvernement de l'Angleterre. Ils auroient pu être législateurs à Sparte ou à Londres. Pour conduire la France , il leur a manqué d'être Français.

Je parle ici , comme je le ferai dans tout le reste de cet écrit , d'une manière générale ; et sans prétendre accuser ni désigner personne.

Si , parmi tant de calamités récentes , il est inévitable de parler avec quel-

qu'émotion des faits publics de nos dé-
sastres, soit pour s'appuyer de leur
témoignage, soit pour inspirer de l'horreur d'un mal si profond, j'aurai toujours ce respect pour la conscience, de
laisser à chacun le mérite de s'accuser,
ou le droit de s'absoudre.

J'ai trop à cœur de gagner les esprits
à la vérité, pour ne pas craindre d'of-
fenser qui que ce soit : mais qu'on me
pardonne de montrer l'erreur, en ca-
chant la main qui l'a semée. C'est tout
ce que peut la sagesse chrétienne pour
imiter la clémence du souverain qui,
parmi tant de crimes, ne voit point
de criminels.

Je ne m'arrêterai pas à examiner s'il
falloit une nouvelle constitution : ce
seroit maintenant une question oiseuse ;
et le seul respect pour la volonté du

Roi solennellement exprimée, m'inter-
diroit cette discussion. Je ne goûte point
le triste plaisir de censurer le passé, s'il
ne conduit à la satisfaction plus noble
d'améliorer le présent ; c'est, je l'avoue,
un terrible préjugé contre toute nouveauté en matière de constitution, que
cette destinée commune de tant de
chartes frappées de mort au berceau.
Le génie moderne qui n'a pu les animer
du souffle de vie , demeure convaincu
d'impuissance : il faut qu'il retourne à
l'antiquité , et que sa fière raison ap-
prenne enfin à son école ce secret d'immortalité dont elle animoit ses ouvrages.

Je sens toute la force de ce préjugé ;
mais j'en connois les justes bornes. Je
suis aussi loin de mépriser tout ce qui
paroît nouveau , que d'estimer tout ce
qui est ancien. Il n'est que la vérité

qui soit à la fois ancienne et respectable, et l'erreur la plus commune de la raison moderne est de croire que ce qu'elle dit de vrai, soit quelque chose de nouveau.

Je prends donc la question dans les termes même posés par le Roi; et je ferai voir qu'un corps législatif en deux parties, adopté comme base du nouvel ordre politique, n'est qu'une forme plus développée d'une institution fondamentale de la monarchie, dont le principe est toujours demeuré en vigueur. Il n'y a pas jusqu'au titre de *sénateur* qui n'ait son fondement dans notre histoire : ce titre étoit considérable à la cour des premiers rois de France. On le conféroit à des hommes de la plus éminente dignité, comme on le voit par l'exemple de *saint Sul-*

pice, archevêque de Bourges, que Grégoire de Tours appelle *un des premiers sénateurs de France. Vir valdè nobilis et de primis senatoribus Galliarum.* (Lib. VI, n°. 39.) Tous les membres de ce sénat exerçoient des fonctions législatives et judiciaires , soit dans les provinces, soit à la cour même du Roi. On les nommoit, dans la langue du temps, *viri sagi et senatores*, et leur président avoit le titre de *premier sénateur de France.*

La dignité de leur caractère répondoit à celle de leurs charges : les rois, descendans de Clovis, presque toujours en guerre ou en défiance, les prenoient pour arbitres de leurs intérêts dans les plus délicates rivalités, et se donnoient mutuellement en otages les enfans des premiers sénateurs. (Lib. XXXI, n°. 50.)

De tels rapprochemens feront sentir à tous les esprits justes, de quelle importance il est de donner aux institutions nouvelles un caractère antique et national. Nous ne sommes point un peuple récemment sorti des forêts, étranger aux lois, aux coutumes, à la mémoire des temps passés ; ceux qui ont fait violence à toutes ces choses, n'ont servi qu'à prouver la force de leur empire. C'est assez d'avoir lutté vingt-cinq ans contre la raison : rendons-nous à l'expérience, ses leçons coûtent trop cher pour n'en pas profiter : ne nous débattons pas, comme des enfans opiniâtres, sous la main paternelle qui s'empresse à nous relever.

Il faut, sans doute, se plier au temps avec cette juste mesure de condescendance qui ne fait rien perdre à la raison de sa légitime autorité ; mais s'il est un secret pour concilier tous les esprits , dans ce siècle de confusion , c'est, j'ose le dire , d'asseoir la constitution nouvelle sur les anciens fondemens de la monarchie. C'est l'unique moyen de donner à sa jeunesse un air d'antiquité qui lui attire le respect. En la réconciliant avec tous les siècles, on lui ôtera ce double et funeste caractère de la nouveauté et de l'imitation.

Ceux qui prétendent nous modeler sur le gouvernement anglais , semblent ne voir dans la législation que des formes, et ne donner aucune attention aux principes. Deux chambres législatives ne constituent point un gouvernement , et la vraie monarchie repose sur des fondemens d'une toute autre étendue : ils ne sentent pas combien il seroit honteux

que la France , ce pays si riche en doctrine et en exemples , après quinze
siècles d'expérience , crût ne pouvoir
exister , sans devenir la copie de l'Angleterre. Soyons reconnoissans , soyons
unis par les liens d'une généreuse hos-
pitalité. Rien de plus juste , ni de plus
noble , c'est le vœu de notre Roi ; mais
que l'aîné des peuples chrétiens ne se
rende point l'imitateur d'une nation
dont les mœurs , dont le caractère ,
dont les dogmes ne sont pas les nôtres.

Ces pernicieuses admirations pour les
contrées étrangères avoient détruit en
France l'esprit de patrie. Dès le milieu
du siècle dernier, la monarchie se cor-
rompoit par le mélange des opinions que
les philosophes y colportoient de tous
les coins de l'univers ; et celui de tant de
nations , confondues et comme entassées

pêle mêle dans son sein , par de folles conquêtes , n'avoit fait que mettre la désolation dans ce cahos. Les mœurs , les coutumes , les lois, le langage , tout devenoit étranger , et l'on étoit réduit à chercher les Français au sein de la France. A quel peuple , j'ose le demander, appartenoient les auteurs de la dernière constitution , de ce pacte inouï où l'intérêt privé dicta des lois à l'intérêt social, où l'égoïsme , hardi pour la première fois dans sa bassesse, et confiant à l'univers le secret de sa cupidité, osa lui révéler toute la profondeur de son mépris pour les hommes? Est-ce dans la patrie des vertus généreuses, des sacrifices héroïques , des bienséances délicates, qu'un ouvrage de ce caractère a pris naissance ? Quel Français n'eût rougi de présenter un pareil code à la

haute raison d'un Roi plein de lumières
et de grandeur d'âme ?

Ces pensées affligent, je le sais ; mais
il faut, pour l'instruction des hommes,
creuser ce fond d'ignominie , et que ce
siècle orgueilleux se voie enfin tel qu'il
est. Soyons-nous à nous-mêmes une sé-
vère postérité , et recueillons les faits,
le livre de l'histoire à la main : que dira
l'avenir à la vue de ce monument ? Des
hommes qui ont proclamé, à la face de
l'univers, la souveraineté du peuple , la
liberté et l'égalité, la *république impé-
rissable* , après que six millions de victimes ont été précipitées au tombeau
par ces principes , et lorsque le peuple
souverain est réduit à mendier son existence , se consolent de la mort des
uns , de la misère des autres , de la dou-
leur de tous , en faisant une constitu-

tion où ils se réservent tous les honneurs, où ils s'attribuent tous les priviléges (1). Admirable changement ! coup du ciel ! des républicains se font ducs et pairs ! des ennemis jurés de la royauté, s'environnent de toute la splendeur du trône ! Quelle conversion inespérée ! ils ont aboli toute noblesse, et ils consentent à s'asseoir aux premiers rangs de la noblesse ! quelle grâce ! ils ont proscrit tous les titres, et ils ne dédaignent pas de les porter. Comtes, marquis, barons, princes, s'il le faut, ils se prêtent à tout, ces nouveaux Brutus, avec

---

(1) L'assemblée nationale déclare, en présence de l'Être-Suprême, qu'*il n'y a plus ni noblesse, ni pairie, ni distinctions héréditaires, ni aucun privilége, pour aucune partie de la nation, ni pour aucun individu.* (Constitution de 89.)

la plus flexible complaisance. Hommes rares, hommes concilians, qui rejoignent tous les extrêmes ! immortels héritiers de tous les partis, ou plutôt légataires universels de la révolution, seuls riches dans la publique indigence, seuls immuables dans le bouleversement général, ils prétendent recueillir à la fois, et la succession de la tyrannie, et les bienfaits de l'autorité légitime (1).

---

(1) L'auteur se propose de donner au public un traité sur *les lois des Visigoths*, avec un commentaire sur les *Prolégomènes*, où l'on trouve cette belle sentence : « Que le législateur ne pa— » roisse jamais avoir en vue son intérêt privé, » mais l'utilité commune de tous les citoyens! » *Appareat eum, qui legislator existit, nullo privato commodo, sed omnium civium utilitati communimentum, præsidiumque opportunæ legis inducere.* (Leges Visigoth. Cod. Lindenbr., in-fol., pag. 7.) Vraiment ces Visigoths étoient d'honnêtes gens.

Dirai-je , enfin , leur dernier titre à toutes les faveurs royales ? non , une main toute-puissante et adorée me ferme la bouche : elle voudroit arracher ce triste souvenir de nos annales. Hélas ! ce ne sont pas les bourreaux , ce sont les victimes qui pleurent pour l'effacer.

Je ne tarirai point la source de ces larmes, mais du moins mêlons-y celles du repentir ; et qu'à la vue de tant d'effroyables conséquences, le législateur juge les principes d'où elles sont sorties. Faut-il s'étonner que notre nation, encore saisie d'horreur, recule vers les siècles de son antique prospérité, pour y chercher un asile entre le berceau et la tombe de ses ancêtres ? Elle implore son Roi comme un libérateur, et ce qu'elle redemande en lui, ah ! ce n'est pas labonté , vertu si naturelle au sang des Bourbons , c'est l'attribut de la puissance , c'est la force protectrice de la société , c'est le sceptre enfin de Henri IV et de Saint-Louis, et non pas ce frêle roseau dont les législateurs de 89 avoient armé la majesté royale , pour en faire le jouet du peuple souverain.

« Il faut, dit le sénat , que le peuple » soit libre , afin que le Roi soit puis- » sant. » Retournez cette idée, et vous en ferez la pensée la plus vraie , la plus forte , la plus instructive : « Il faut que » le Roi soit puissant , afin que le » peuple soit libre. »

J'ose croire qu'il est un juste tem- pérament pour unir ces deux choses autrefois incompatibles, comme parle Tacite : *Res olim dissociabiles , principatum et libertatem.* Ce secret est dans nos ruines ; et c'est pour le découvrir à la raison de notre âge, que je vais rechercher les élémens du *pouvoir public* et de la *représentation nationale*, questions fondamentales dans toutes nos constitutions. Je prendrai mes principes dans les lois les plus anciennes et les plus inviolables de la monarchie; et je ne dirai rien qui ne soit appuyé sur la raison et sur l'histoire, deux ordres de vérités qui sont en harmonie, et qui se soutiennent l'un par l'autre.

Pour fonder la constitution politique d'une manière stable et assurée, il ne suffit pas que le pouvoir public soit monarchique et héréditaire : car les premiers législateurs de 89 n'avoient pas méconnu ce principe de l'unité et de l'hérédité par voie légitime; ils l'avoient même établi avec une apparente solidité au chapitre II de leur constitution. Mais animés de cette haine secrète du pouvoir, maladie des esprits foibles, qui gagnoit tous les ordres, ils trouvèrent le secret de le détruire en l'établissant. Ce fut un art nouveau de renverser les gouvernemens en leur donnant des lois. Ils y employèrent deux principes où leur génie paroît à découvert : l'un fut de confondre la séparation des fonctions avec *la division des pouvoirs*, et le combat perpétuel des élémens fut le seul ordre établi dans cette nouvelle création. Ce premier dogme mit la ruine et l'incendie dans les fondations de l'édifice ; mais l'embrasement partit du faîte. Le principe de la souveraineté du peuple en revendique l'honneur. C'étoit le couronnement de tout l'ouvrage, et la conception favorite de la philosophie. Pour mieux abaisser le pouvoir, ou plutôt pour l'anéantir plus sûrement, ils imaginèrent de placer au-dessus de lui ce fantôme hautain d'une souveraineté chimérique dont ils ne laissoient au peuple que l'illusion, s'en réservant à eux-mêmes le droit réel et l'exercice permanent. (Chap. III, sect. I.) Ce qu'il y eut de plus rare et de plus curieux, après ce beau travail, ce fut de les voir se féliciter entr'eux sur la solidité, sur l'immortalité de ce chef-d'œuvre. Quel ravissement, quelle extase en contemplant la perspective infinie de sa durée ! Les siècles n'en verroient pas la fin ; les générations les plus reculées béniroient leur mémoire. Ce n'étoit plus seulement la constitution française ; c'étoit celle de l'univers. Le genre humain devoit adorer la philosophie qui lui avoit fait ce beau présent. Insensés ! de tout cet échafaudage d'orgueil, il ne reste que leur tombeau, triste monument d'une folie sans exemple ou d'une hypocrisie sans excuse. Et nous, qui les avons vus ensevelis, sitôt après, sous les débris de leur immortel édifice, par quel fatal aveuglement, par quelle incurable démence nous obstinerions-nous à bâtir sur ces principes ruineux, sur ce sable mouvant des passions populaires ?

Il faut entendre, dans cette question, les paroles mêmes de notre auguste et infortuné Louis XVI, lorsqu'après l'examen de cette constitution qu'il alloit signer, comme l'arrêt de sa mort, il écrivit à l'assemblée constituante, le 13 septembre 1791 :

« Je manquerois à la vérité, si je

» disois que j'ai aperçu, dans les moyens
» d'exécution, l'énergie qui seroit né-
» cessaire pour imprimer le mouvement
» et pour conserver l'unité dans toutes
» les parties d'un si vaste empire. Mais
» puisque les opinions sont divisées sur
» ces objets, je consens que l'expérience
» seule en demeure juge. »

En effet, l'expérience en a décidé, et d'une manière qui ne souffre point de réplique. Mais, qui ne seroit frappé de l'avis d'un prince si modeste et si prévoyant ? On ressent, malgré soi, de l'indignation, lorsqu'on voit cette constitution vraiment barbare réduire le pouvoir suprême à se plaindre de sa foiblesse devant des législateurs aveugles qui croient triompher de son impuissance, tandis que la mort seule triomphe de leur ruine commune. Mais après de si folles erreurs, il est temps d'en venir à une meilleure doctrine, et de montrer le pouvoir public établi sur les principes de la plus haute et de la plus judicieuse antiquité.

C'est une loi fondamentale de la monarchie, que le pouvoir est un et indivisible : les fonctions seules sont distinctes et séparées. Les personnes ou les corps qui les exercent, n'ont qu'une autorité empruntée qui dérive du pouvoir suprême, comme de sa source. Cette élévation et cette majesté du pouvoir ne le rendent ni absolu, ni indépendant des lois; car c'est une autre maxime, aussi ancienne et aussi sacrée dans la monarchie, que le pouvoir n'agit que par des lois établies et selon des formes déterminées. Tel est l'objet de la constitution. Elle ne confère pas le pouvoir;

elle en règle seulement l'exercice, selon les principes consacrés dans l'Etat. Le premier et le plus important de ces principes, qui remonte au berceau même de notre première enfance, est l'institution d'un conseil national où le peuple intervient par lui-même ou par ses représentans, et dont le concours est nécessaire à la formation des lois. De là les *mallus* de la loi Salique, les Champs-de-Mars sous la première race, les Champs de Mai sous la seconde, les Cours Plénières, les *Placités* ou Etats-Généraux, et enfin le Parlement, où se conservoit l'esprit de l'antiquité, et la forme même en abrégé de ces anciennes institutions. Ce conseil, ou ce corps national, soit réuni, soit divisé en plusieurs chambres, exerce les fonctions législatives; mais il n'a pas le pouvoir législatif; de même que les juges exercent les fonctions judiciaires, sans avoir pour cela en eux-mêmes le pouvoir judiciaire, car ils rendent la justice au nom du souverain qui leur en commet l'autorité.

Le Roi n'est donc point la tierce-partie du corps législatif, comme l'insinuent encore aujourd'hui des hommes qui ne se lassent point d'errer depuis vingt-cinq ans; et il n'est point d'absurdité à laquelle la vraie monarchie répugne plus fortement par tout d'ensemble de ses dogmes et de ses lois, que l'idée d'un pouvoir divisé contre lui-même.

Le Roi possède seul la plénitude du pouvoir souverain, mais dans un tel éloignement du despotisme et de l'arbitraire, qu'il ne peut décider par lui-même ni de la vie , ni de la liberté , ni de la fortune du moindre citoyen. C'étoit la seconde loi fondamentale du royaume , même avant Clovis. Et ce seroit en vain qu'on lui opposeroit quelques abus d'autorité , quelques actes de rigueur et d'injustice personnelle , rares exemples de foiblesse dans un si long intervalle. Les passions de l'homme ne prouvent rien contre les maximes établies , et la constitution demeuroit inébranlable au milieu de ces éclats passagers.

Le Roi étoit gravé sur les sceaux de l'Etat avec le sceptre , la main de justice, et tous les attributs de la puissance ; c'étoit la marque constante de l'unité de pouvoir. Mais cette main souveraine , toute-puissante pour verser des grâces , ne pouvoit porter aucun coup au plus foible de ses sujets : car c'étoit une maxime de notre droit public, que *les Rois ne faisoient mourir personne.* En un mot, l'abrégé, et comme la substance de la doctrine monarchique, c'est que le Roi peut tout avec les lois, et rien sans elles. Cette noble impuissance est l'image de celle de Dieu, qui ne peut rien contre la justice. Ses lois sont des règles inviolables pour lui comme pour nous : car Dieu lui-même a besoin d'avoir raison, dit excellemment Bossuet.

C'est ainsi que la plus haute liberté se trouvoit dans un parfait concert avec la puissance souveraine, et bien loin d'être irréconciliables, on ne pouvoit détruire l'une sans porter à l'autre un coup mortel. Dans leur ancienne harmonie, tout rappeloit aux hommes l'idée d'un pouvoir tutélaire et paternel, et l'Etat n'a cessé d'être une famille qu'en perdant le monarque qui en étoit le père.

Les législateurs modernes furent bien mal inspirés de vouloir remonter à l'origine du pouvoir, et de consulter la philosophie dans une question qu'elle ne pouvoit résoudre. En établissant la souveraineté populaire, c'étoit peu de contredire le bon sens. Ils étoient accoutumés à ce genre de succès, mais ils se contredisoient eux-mêmes et d'une manière qui prouvoit une grande foiblesse d'esprit ou une grande force de passion. Car reconnoître à la fois le Roi comme chef de l'Etat, et le peuple comme souverain, est une aussi grande absurdité que si l'on disoit que le pouvoir paternel réside dans le père, et que la souveraineté de la famille appartient aux enfans. Je ne sais si l'extravagance humaine est jamais allée plus loin ; mais il est sûr qu'ils avoient raison d'appeler cela du génie moderne. L'antiquité n'a rien connu de semblable.

Le monde chrétien sait, depuis deux mille ans, que tout pouvoir vient de Dieu : *Omnis potestas à Deo.* C'est un axiome de droit divin, et l'un des fondemens de la raison humaine. « Dieu, dit Leibnitz, est le Dieu de l'ordre, et c'est une nécessité que celui qui a institué l'ordre social ait aussi créé le moyen de le soutenir. Or, ce moyen est le pouvoir public ; car toute société sans pouvoir est une société sans ordre ; vérité historique, vérité générale et sans exception. »

Dieu confie le pouvoir à qui il lui plaît, et ne donne point d'autre gage de sa durée que sa conformité à son principe. Il est d'autant plus fort, qu'il se rapproche davantage de sa source, qu'il imite plus fidèlement l'unité et la perpétuité de son modèle; enfin, qu'il est plus sage, plus vigilant et mieux réglé dans ses conseils. La plus simple expression de cette vérité se trouvoit à la tête de toutes les lois, de toutes les ordonnances, de tous les actes du pouvoir monarchique. N. , *par la grâce de Dieu , Roi de France* , etc. , ce peu de mots disoit tout à qui savoit penser. Ceux qui imaginèrent d'y ajouter, *et par la loi constitutionnelle*, durent s'applaudir d'avoir fait marcher de front l'erreur et la vérité. Ils sembloient dire à Dieu : « Votre grâce ne suffit pas, il » y faut encore nos chartes, et toujours » notre raison. »

Comme ce roi de Portugal, qui auroit, disoit-il, donné d'excellens conseils
au Créateur, s'il eût voulu l'écouter.

> C'est dommage, Garo, que tu n'es pas entré
> Au conseil de celui que prêche ton curé.

Autre chose est de régner selon la
loi de l'Etat, ou de régner par elle. Le
premier est le devoir du souverain; il
suit en cela l'exemple de Dieu même.
Le second est une absurdité palpable
dans le système des lois populaires; car
il s'ensuivroit qu'une pareille loi confère le pouvoir, ou plutôt il se trouve-
roit que c'est celui qui l'a faite qui
seroit au-dessus du pouvoir même. Ainsi,
J. J. Rousseau, qui a fait une constitution pour la Pologne, si elle eût été
acceptée, se seroit trouvé le créateur
du roi de Pologne. Cette erreur, toute

grossière qu'elle paroît au premier coup-
d'œil, n'est pourtant que l'expression
incomplète d'une grande et solennelle
vérité : car la loi, telle qu'il la faut con-
cevoir dans sa source , est l'émanation
de la volonté divine ; et, dans ce sens,
on peut dire avec juste raison que les
rois règnent par elle. Mais c'est préci-
sément cette vérité qui se trouve toute
entière dans les termes consacrés de
l'ancienne monarchie , et avec une telle
profondeur d'expression , qu'elle énonce
tout ensemble et la loi générale d'où
dérive la souveraineté , et la grâce particulière qui choisit le souverain.

Combien cette doctrine de la monarchie est élevée au-dessus de ces foibles
idées d'une raison étroite ! Qu'elle nous
montre le pouvoir du prince et l'obéissance du sujet sous un jour plus noble

et plus convenable à la dignité de la
nature humaine ! Les partisans de la
souveraineté du peuple se font les esclaves de l'homme, puisqu'ils trouvent
dans la volonté populaire la règle de
leur volonté. Ou plutôt n'est-ce pas ici
un autre secret de cette jalousie du pouvoir, de cet orgueil philosophique, le
plus profond et le plus ambitieux de
tous, que le rêve d'une souveraineté
commune flatte et irrite à la fois ? C'est
à travers cet orgueil que tant de philosophes ont vu l'ordre social. Hommes
condamnés à une éternelle enfance, et
qui, n'étant que passion, ne sont que
servitude. Ils haïssent le pouvoir, comme
les sauvages haïssent la société. Ecoutez-
les : dès qu'ils ont laissé échapper en
grondant les noms de maîtres, de tyrans, de despotisme, de fanatisme

religieux, ils ont épuisé toute leur science politique. Esclaves, au sein même de la liberté, ils rongent en frémissant le frein salutaire des lois ; et leur bouche, incessamment ouverte aux menaces, blanchit d'une impuissante écume ce mords inflexible du pouvoir qui dompte et humilie leur orgueil.

L'homme vraiment libre est nécessairement le sujet le plus soumis. Car il n'y a point de liberté sans raison, ni de soumission parfaite sans une conviction libre et entière. Si la tête se courbe sans le cœur, c'est l'attitude d'un esclave ; mais, si le cœur et les genoux fléchissent ensemble, c'est l'attitude d'un ange qui s'incline devant la majesté suprême. Noble, mais juste image de nos ancêtres, si fidèles au Roi, parce qu'ils l'étoient à Dieu ! En déférant au pouvoir ; tel qu'il étoit constitué dans notre ancienne monarchie , ils rendoient hommage au plus haut principe de l'ordre social. Leur raison éclairée trouvoit dans ce motif une élévation proportionnée à la profondeur de leur obéissance. De là ces anciennes pensées que le monarque étoit l'image et le représentant de la Divinité ; de là ces sentimens de vénération et d'amour pour nos rois , qui sembloient former un caractère propre à notre nation , parce qu'elle étoit plus éclairée que les autres sur la nature du pouvoir monarchique ; de là enfin , cette autre loi fondamentale , que la personne du Roi étoit inviolable et sacrée : loi sans raison et sans fondement, dans nos constitutions modernes ; car , si le Roi n'est qu'une fraction du pouvoir ,

et s'il l'emprunte de la loi constitutionnelle , comme *le Pouvoir législatif*
et *le Pouvoir judiciaire* , à quel titre
sa personne seroit-elle plus sacrée et
plus inviolable que celle des autres qui
exercent comme lui les fonctions de
l'autorité ? Je vais plus loin , et , sup-
posé le système de la division des pouvoirs , je défie que l'on me montre par
aucune raison solide en quoi le *Pouvoir
exécutif* l'emporte sur le *Pouvoir législatif.* Si l'un étoit plus grand que l'autre ,
il n'y auroit plus de balance , et ce
beau conflit de pouvoirs que les Anglais
admirent si fort, et dont nous sommes
si jaloux , ne pourroit se soutenir. Il y
a donc égalité, au moins en théorie, et
dès lors sur quoi se fonde un privilége
en faveur d'un seul ? Tout est foible ,
décousu , inconséquent dans l'erreur.

Tout se lie , tout s'enchaîne , tout se soutient dans l'ordre de la vérité.

Ces principes sont féconds ; ils demanderoient , je le sens , des développemens plus étendus ; mais, pressé par le temps , je passe à nos monumens historiques qui en montreront l'autorité constante dans tout le cours des siècles , et je tirerai les conséquences qui me paroîtront d'une application plus utile et plus directe aux affaires présentes.

C'est à l'époque de la fondation même de la monarchie française , et de l'institution régulière de la loi salique , que l'on trouve les vrais principes de notre ancienne constitution. Ce n'est pas que la loi même, connue sous ce nom, ne remonte à des temps encore plus reculés , puisqu'on en trouve quelques traditions , comme on le verra plus tard , dans ce que Tacite a écrit sur les mœurs générales des peuples germaniques. Mais ce qui est pour nous du plus haut intérêt, ce ne sont pas ces anciennes ordonnances judiciaires comprises sous le titre général de *Lois saliques*, non plus que les capitulaires et les décrets de nos anciens rois, qui en sont la suite naturelle. Ce qu'il faut voir dans ce précieux monument de notre première antiquité, c'est la forme même donnée à la loi, c'est le principe du pouvoir qui l'institue, et le conseil de la nation qui intervient pour en délibérer et y consentir. Or, ce fut Clovis qui lui donna cette institution régulière ; et, comme le dit le prologue de la loi salique, l'autorité d'un décret plus saint et plus vénérable, *sanctius decretum*. Clovis y paroît à la tête du conseil général de la nation , véritable corps législatif, composé non-seulement de tous les grands de l'Etat , soit ecclésiastiques, soit laïques , mais aussi de tous les membres de la nation. C'est ce qu'on voit dans l'acte le plus auguste et le plus solennel de ces temps , confirmé depuis par les rois de la première race , et enfin par Charlemagne à qui il appartenoit de consolider les fondemens de la monarchie (1). Le prologue même de la loi salique marque plus expressément la composition de ce corps ou conseil législatif qui concouroit avec le prince à la confection de la loi.

____

(1) *Confirmatio legis à regibus quam Chlodovœus rex Francorum statuit et posteà unà cum Francis pertractavit.* (Codex, leg. Antiq. Lindenbrog, in-fol., pag. 347.)

Placuit atque convenit inter Francos et eorum proceres, etc. (1), ou comme le dit une autre préface sur les lois générales des peuples modernes : *Hoc decretum est apud regem et principes ejus, et apud cunctum populum christianum, etc.* (2).

Partout, le Roi est reconnu comme le principe du pouvoir législatif, agissant toujours, en cette qualité, conjointement avec le conseil national; mais tantôt le peuple y figure en corps, tantôt il est représenté par ses chefs et par les hommes sages; car ces différentes formes paroissent employées indifféremment dans les célèbres ordonnances de Chil-

----

(1) Leg. Franc. et Ripuar. Eccard, in-fol., pag. 143.

(2) Præf. leg. sal., pag. 9.

bert et de Clotaire. On lit en tête du décret de ce premier roi, que tous, sans distinction de rang ni de condition, ont formé l'assemblée législative, qui en a réglé et arrêté les différentes dispo‑ sitions ; mais que le prince étoit plus particulièrement assisté des grands de son royaume (1).

Dans le conseil de Clotaire, il n'est question que des sages. *Clotarius ipse... similiter cum regni sui sapientibus in‑ venit.....* Ce sont les fonctions de ces sénateurs, de ces *viri sagi et nobiles*, dont parle Grégoire de Tours.

On croit assez communément que

____

(1) *In Dei nomine, nos omnes Kal. mar. de quibuscunque conditionibus, unà cum nostris opti‑ matibus pertractavimus.* (Decretio Childeb. Lin‑ demb., pag. 346.)

tout étoit barbare dans ces premiers temps de notre histoire. C'est un préjugé de l'ignorance dont il faut se défaire. Il est vrai que la langue n'étoit pas polie. Les mœurs avoient une écorce rude et grossière , mais sans corruption et sans fard. Les idées, moins approfondies, étoient justes et lumineuses. C'étoit un spectacle bien différent de l'antiquité païenne, où la politesse régnoit dans le style, et la barbarie dans les lois. Il ne faut pas que la pompe de l'éloquence grecque et romaine , si éblouissante pour la jeunesse , en impose à notre âge mur , et nous cache, sous un vernis si brillant , le vice des lois et celui du gouvernement populaire. Il faut moins encore que la rouille innocente d'un idiome informe et sans art nous fasse mépriser nos antiquités nationales. Ce seroit insulter à la foiblesse de notre enfance, avec d'autant moins d'équité, que des yeux attentifs démêleront dans son caractère naissant, bien des traits précoces d'une haute sagesse. Ce n'est pas sans raison que les anciens législateurs parloient du peuple français avec une si haute admiration. Ils lui reconnoissoient autant *d'habileté dans les conseils, que d'intrépidité dans les combats. La fidélité dans les alliances, la bonne foi dans les traités, et la pureté de la doctrine,* achevoient la peinture d'un si beau caractère (1).

Ce sont les ennemis de notre nation

______

(1) *Gens Francorum inclyta, auctore Deo condita, fortis in armis, profundaque in consilio, firma in pacis fœdere.... Immunis quidem ab omni hœresi,* etc. (Prol. leg. sal.)

qui l'accusent d'être légère et frivole. Son enjouement naturel lui en donne l'apparence à leurs yeux. Ils se croient plus profonds, ils ne sont que plus tristes ; désespérant d'imiter ses grâces, ils trouvent plus facile de les décrier, et font comme les gens de mauvaise humeur, qui affectent de prendre l'esprit pour un défaut de jugement, et le jugement pour un défaut d'esprit. Le Français, dit M. de Voltaire, est le plus sensé de tous les peuples, la plume à la main. Quel autre, à l'époque de sa gloire, avoit plus de bienséance dans ses mœurs, plus de dignité dans sa magistrature, plus d'appareil dans ses cérémonies, plus de majesté dans ses lois ? et, pour revenir à nos premiers temps, quoi de plus noble et de plus sage que le motif de cette assemblée générale de la nation

convoquée pour la rédaction des lois
saliques? C'étoit, comme le disent ces
anciens législateurs : « Dans le dessein
» de couper la racine de tous les diffé-
» rens qui troubloient la paix publique,
» et de fonder sur la sainteté des lois
» cette prééminence que la nation fran-
» çaise avoit acquise par la force des
» armes (1). »

Ce fut la première aurore de cette
législation nouvelle que le chistianisme
annonçoit au monde comme le principe
de la liberté politique, dans l'Etat,
aussi bien que de la délivrance spirituelle

______

(1) *Ut propter servandum inter se pacis studium,
omnia incrementa veterum rixarum resecare debe-
rent, et quia cæteris gentibus juxtà se positis forti-
tudinis brachio præminebant, ità etiam legum auctoritate præcellerent.* (Cod. leg. Antiq., pag. 316.)

dans la religion. Il venoit affranchir soixante millions d'esclaves sur qui les lois romaines donnoient droit de vie et de mort au caprice de leurs maîtres. Le châtiment de cette tyrannie insolente fut bien assorti au caractère des coupables. Ces maîtres si fiers furent réduits eux-mêmes à la condition servile ; et l'on voit encore avec étonnement, dans les termes de notre ancienne jurisprudence, que ce nom de Romain qui faisoit trembler les Rois quelques siècles auparavant, étoit devenu, par une étrange décadence, le synonyme d'esclave. Pour comble d'opprobre, le meurtre de ce Romain, de ce descendant des Popilius, étoit puni de la même peine que le vol d'un épagneul ou d'un basset. Il en coûtoit 1800 deniers, qui valoient alors 45 sols. Voilà le prix des maîtres du monde. On ne sauroit tomber de plus haut, ni descendre plus bas. Les Francs étoient loués dans tout l'univers, « de » ce qu'avec une poignée d'hommes, ils » avoient brisé le joug de ces tyrans, » tout couverts encore du sang des » martyrs (1). »

Le caractère de ces premiers monumens de notre histoire doit faire sentir aux esprits les plus prévenus, l'autorité légitime de ces lois constitutives de la monarchie, que nous prenons à la source

____

(1) *Hæc est enim gens, quæ parva dum esset numero, fortis robore et valida, durissimum Romanorum jugum de suis cervicibus excussit pugnando. Atque post agnitionem baptismi, sanctorum martyrum corpora quæ Romani vel igne concremaverunt, vel ferro truncaverunt, vel bestiis laceranda projecerunt, Franci reperta auro et lapidibus pretiosis ornaverunt.* (Tractat. leg. sal.)

même de l'antiquité ; mais , pour en saisir d'un coup d'œil la perpétuité invariable dans le cours des âges, que l'on rapproche maintenant ce premier conseil de la nation, ce corps législatif que présidoit Clovis, d'un de ces lits de justice où nos derniers Rois déployoient toute la majesté du trône. On verra , dans l'un comme dans l'autre , les mêmes principes en vigueur, et les mêmes lois fondamentales. Dans l'un comme dans l'autre , le Roi , source de l'autorité législative , (car on ne connoissoit pas la division des pouvoirs) , ouvroit la délibération , soit par lui-même , soit par son chancelier , qui exposoit à l'assemblée les argumens et les motifs du prince , laissant de côté le caractère du pouvoir qui commande , pour prendre celui de la raison qui persuade. *Auctoritate sua-*

» *dendi, magis quàm jubendi potestate ;*
dit Tacite, en parlant de nos ancêtres.
Enfin, dans l'un comme dans l'autre,
la liberté publique étoit assurée par
celle des suffrages de la nation ou de ses
représentans, puisqu'à défaut de leur
consentement, nulle ordonnance, nul
édit, nul arrêt ne pouvoit avoir force
de loi dans le royaume. C'étoit une des
maximes les plus constantes et les plus
révérées de la monarchie.

Qu'y a-t-il de mieux prouvé par toute
la suite des ordonnances de nos rois ?
La plus ancienne que nous possédions,
et qui fut dressée sous Clotaire, frappe
de nullité toute sentence qui s'écarte de
la forme instituée par la loi, ou qui
dépasse les bornes de l'autorité, *quæ*
modum legis excedit : elle prévoit même
le cas où, *par surprise,* on auroit ob-

tenu du monarque quelque mesure contraire au principe des lois ; et, dans
cette supposition , le Roi la déclare
sans valeur et sans effet, non valebit ;
non-seulement il autorise les magistrats
à n'y point obtempérer, mais il leur
enjoint expressément de n'y avoir aucun
égard. *Si impetrata fuerit, vel obtenta,
à judicibus repudiata, inanis habea-
tur et vacua.* (Capitul.) Quand on
voit ces délicatesses du pouvoir, et ce
respect pour la liberté , ne semble-t-il
pas que le prince se mette à la place
du moindre de ses sujets, et qu'il s'a-
larme pour lui des abus inséparables de
l'autorité ? Ces règles d'équité et de
sagesse , maintenùes sous les règnes
suivans, découloient comme naturellement de ces maximes toujours présentes, que *l'autorité ne va pas sans la*

loi (1) ; que *le roi et la loi n'ont qu'un pouvoir;* et pour parler le langage naïf de ces anciens temps, qui n'en prouve que mieux la force d'une doctrine également royale et populaire, disons comme nos aïeux : *si veut le roi, si veut la loi; et rex et lex eamdem imperandi excipiant potestatem.* (Capitul.)

Je ne connois rien, dans aucune législation, qui approche de cette pensée d'un de nos capitulaires, où le Roi, parlant au nom de la nation assemblée, dit ces paroles mémorables : « Si nous » ne servons tous de concert les lois et » la justice, nous ne serons, à la vue » de Dieu, ni le Roi, père de la patrie,

____

(1) *Ut auctoritates cum lege competentes in omnibus habeant stabilem firmitatem.* (Capitul.) C'est la raison de toutes les ordonnances.

» ni les évêques, ministres du salut, ni
» le peuple chrétien, dignes du titre
» que nous portons (1). »

Certes, auprès d'une si majestueuse doctrine, la sagesse des Solon et des Numa n'est qu'un enfant au berceau : tout étoit plein de cet esprit ; et quiconque s'en éloignoit par passion, y pouvoit être ramené par l'autorité des principes toujours constans et toujours inaltérables. Les rois les plus fiers fléchissoient noblement sous leur empire ; et jamais les magistrats ne leur rappeloient en vain la foi de leur serment.

____

(1) *Nisi communiter certaverimus ut in omnibus justitia conservetur, nec Rex, pater patriæ, nec episcopi, propitiatores populi ad salutem æternam, nec qui christiani dicuntur, hoc quod humano ore dicimur, in divinis oculis esse valemus.* (Capitul.)

La forme seule de cet acte religieux avoit pu varier dans le cours des âges ; le fond subsistoit toujours , et ce qu'ils promettoient à la face du ciel , en recevant la couronne de Dieu même, par les mains du sacré pontife , ils le promettoient, comme héritiers *des lois et des statuts de la monarchie*, inviolable dépôt, *que les rois leurs prédécesseurs leur avoient transmis* avec le sceptre, et qu'ils juroient de conserver toujours *de concert avec le conseil général de leurs féaux* , afin que tous les siècles fussent unis par les liens d'une croyance uniforme et d'une doctrine perpétuelle.

Tel étoit l'esprit de l'ancienne formule, selon nos vieux capitulaires (1) ;

---

(1) *Polliceor... me servaturum leges et statuta populo, qui mihi ad regendum misericordiâ Dei*

et il falloit bien que ces principes eus-
sent été regardés dans tous les temps
comme une loi fondamentale de l'Etat ,
consacrée doublement par un long usage
et par la vénération des hommes , pour
faire plier la volonté d'un prince aussi
despotique par caractère , que l'étoit
Louis XI. Frappé de l'intrépide oppo-
sition des magistrats à l'un de ses édits ,
et forcé d'en reconnoître la légitimité ,
par les maximes même de notre constitution , ce prince n'en conçut que plus
d'estime pour ces généreux défenseurs
de la monarchie. « Il leur jura qu'il leur

---

committitur, per commune consilium fidelium nos-
trorum, secundùm quod prædecessores mei, impe-
ratores et reges gestis inseruerunt, et omninò invio-
labiliter tenenda et observanda decreverunt. (Ca-
pitul, tom. II.)

» seroit bon roi, et que de sa vie il ne
» les contraindroit à faire chose contre
» leur conscience. » Ce même Louis XI,
dans le Rosier des guerres, où il donne
de si belles instructions à son fils Charles
VIII, établit par une foule de maximes
toutes royales, que *le monarque ne peut
régner que selon les lois, qu'un roi est
bon et noble, qui se garde d'en rompre
le cours*, entendant que la loi ne donne
point l'autorité, mais le caractère de
la puissance divine au prince qui en
respecte les règles. Ainsi le seul tyran
peut-être qu'ait eu la France dans cette
longue succession de bons rois, ne l'étoit
pas par principe, mais par violence et
par passion.

On ne trouve nulle part des idées
plus nobles et plus grandes sur cette
matière, que dans la bouche de Fran-

çois Ier, de ce roi qui pouvoit tout perdre, hors l'honneur de sa nation. Il ne croyoit pas s'abaisser en disant à Charles-Quint, « que les lois fonda- » mentales de son royaume étoient de » de ne rien entreprendre sans le con- » sentement de ses cours souveraines, » entre les mains desquelles résidoit son » autorité. » (Remontr. du parl. 1615.) Charles IX, avec un caractère si diffé- rent, disoit dans le même esprit, qu'au- cun édit ou ordonnance n'avoit force de loi publique dans le royaume, sans le consentement exprès du parlement. Le poison des Médicis n'avoit pu l'empê- cher d'hériter avec le trône de ces prin- cipes de la liberté monarchique. Louis XIV, qui a tant élevé sa nation, et qui fut à la fois le plus affable des hommes et le plus majestueux des souverains,

mais en qui certaines personnes con-
fondent la majesté avec le despotisme ;
Louis XIV soutenoit les mêmes maximes
avec une extrême noblesse, dans la dé-
fense des droits de la reine sa femme.
« Qu'on ne dise point que le souverain
» ne soit pas sujet aux lois , puisque la
» proposition contraire est une vérité
» du droit des gens , que la flatterie a
» quelquefois attaquée , mais que les
» bons princes ont toujours défendue ,
» comme une divinité tutélaire de leurs
» Etats. » Enfin , sous Louis XV , les
princes du sang , dans leur requête
contre les princes légitimés , rappe-
lèrent comme un principe d'une antiquité immémoriale , et désormais à l'abri
de toute discussion : que « quelqu'étendu
» et quelque respectable que soit le sou-
» verain pouvoir des rois , il n'est pas

» au-dessus de la loi fondamentale de
» l'Etat ; c'est à cette sainte et invio-
» lable maxime que la France fut rede-
» vable de son salut sous Charles VII,
» et que la maison de Bourbon doit la
» couronne. » En effet, les prétentions
du roi d'Angleterre à la couronne de
France, fondées sur la donation illégale
de Charles VI, aussi bien que les pré-
textes dont se couvroit la ligue pour
repousser les droits d'Henri IV, vinrent
échouer également contre une ancienne tradition de la loi salique, et ce
fut la force des principes, alors comme
aujourd'hui, qui rallia tous les Français sous l'étendard du Roi légitime.

Voilà quels sont les droits de cette
antiquité que j'oppose aux innovations
désastreuses de nos jours. Voilà l'empire
de ces lois fondamentales sans lesquelles

tout est foible, incertain, mal assuré dans les gouvernemens. Voilà enfin cette raison sanctionnée par tous les siècles, devant qui la raison moderne pâlit et chancelle avec toutes ses nouveautés. Lorsqu'on voit de tels principes passer d'âge en âge, et comme de main en main, par une succession non inter-rompue depuis Clovis jusqu'à Louis XVI, et former une doctrine constante à laquelle tout se rattache dans le cours de treize cents ans, que les peuples et les rois invoquent mutuellement, comme la source commune du droit public, et que les hommes même les moins éclairés implorent sans le savoir, comme le fondement d'une liberté qu'ils croient nouvelle ; assurément il falloit une étrange mesure d'ignorance ou de mauvaise foi, pour venir demander avec ironie, comme ces philosophes de 89 , où étoient les fondemens de la monarchie , et dans quel pays fortuné se trouvoient les élé-mens inconnus de sa constitution. A les entendre , il sembloit que ce fût un fantôme , un rêve superstitieux , ou quelque nouveau phénix relégué dans les déserts de l'Arabie ; mais tout effet a sa cause , toute conséquence a son principe. Lorsqu'une vaste et puissante monarchie a , durant tant de siècles , rempli l'univers de sa gloire , de ses mœurs , de sa doctrine , il est aussi absurde de vouloir s'inscrire en faux contre sa constitution , qu'il le seroit de nier la source d'un fleuve , à la vue de son cours majestueux , et de l'heu-reuse fécondité qu'il répand avec ses eaux.

Je n'examine point si la composition de nos cours souveraines pouvoit , dans les derniers temps , offrir une représentation suffisante et proportionnée à ce que nous avons vu des commencemens d'une si belle institution. Peut-être, s'il m'est permis de le dire , entre-t-il dans les motifs du Roi de lui donner un plus juste développement , pensée digne d'un prince qui a toujours été le protecteur le plus éclairé de la liberté française , et si conforme à nos lois fondamentales, qu'elle ne peut être ni plus solidement , ni plus naturellement assise que sur les bases même de l'ancienne monarchie. C'étoit à quoi se bornoit le vœu , comme le plan de cette sage réforme sollicitée par les cahiers de nos provinces : source amère et inépuisable de repentir pour ces prétendus hommes d'Etat, pour ces mandataires infidèles qui , foulant aux pieds les ordrés de leurs commettans, entreprirent avec une si présomptueuse ignorance, de reconstruire toute la monarchie sur de nouveaux fondemens. Si la justice de ce reproche les importune , s'il blesse des oreilles devenues chatouilleuses , après un si long usage du pouvoir, qu'ils se taisent ; qu'ils cessent d'insulter à notre longue et cruelle expérience ; qu'ils ne nous parlent plus , ni de leurs principes de 89 , ni des vaines théories de leur raison : croient-ils donc que la nation ait oublié ce qu'elle leur doit , ou qu'elle veuille se soumettre encore aux essais périlleux de ces charlatans qui prétendoient redresser le sceptre de Charlemagne et de Louis XIV ?

L'esprit de liberté sage et tempérée , est parmi nous un caractère éminemment national. Il nous vient avec le sang de ces premiers vainqueurs de la puissance romaine, dont Tacite nous peint les mœurs dans le tableau général des peuples de la Germanie. Comme nous, ils avoient des rois dont le pouvoir étoit moins limité que réglé par les lois, *nec regibus infinita aut libera potestas.* (cap. VII.) Ils avoient même, autant qu'on le peut saisir dans l'énergique brièveté de l'historien, deux conseils ou deux chambres législatives composées, l'une des princes et des grands, qui dé - libéroit sur les affaires courantes, et l'autre du corps même de la nation où l'on portoit les questions d'un intérêt plus général, mais après les avoir trai- tées d'abord dans le cons eil des princes. *De minoribus rebus principes consul- tant, de majoribus omnes; ità tamen, ut ea quoque quorum penès plebem*

arbitrium est , apud principes pertrac-
tentur. (Cap. XI.)

M. de Montesquieu ne doute point
que l'Angleterre n'ait puisé l'idée de
son gouvernement dans cette ancienne
institution , et les enthousiastes qui la
célèbrent comme une invention du génie
anglais, cesseront peut-être de l'admirer,
lorsqu'ils sauront combien elle est française et de caractère et d'origine. Le
traité de Leibnitz, qui contient des
recherches assez curieuses sur les premiers établissemens des Francs, prouve,
d'un côté, notre origine germanique (1) ,
et de l'autre, les traditions rapportées
par Tacite s'accordent trop bien avec ce
que nous avons vu dans les premiers

-----

(1) De origine Francorum. Eccard, in-fol.

monumens de notre histoire , pour douter qu'elles ne partent de la même source. Le rapport est sensible jusque dans les moindres formes.

Le Roi, ou, en son nom , le prince le plus éloquent, ouvroit la délibération et proposoit la loi à toute l'assemblée qui ne la recevoit que par la voie d'une raison persuasive, et non par l'autorité impérieuse du souverain. *Mox Rex , vel princeps ,............... prout facundia est , audiuntur , auctoritate suadendi magis , quàm jubendi potestate.* L'approbation publique se manifestoit par le mouvement des armes. C'étoit le témoignage le plus honorable, et cet usage que nous voyons régner dans les assemblées nationales , sous les Rois de la première et de la seconde race , subsiste encore dans les armées françaises. *Honoratissimum assensûs genus est, armis laudare.*

Mais le trait de ressemblance le plus surprenant, est celui des jugemens criminels qu'on ne pouvoit intenter qu'au milieu du conseil national. *Licet apud consilium accusare quoque, et discrimen capitis intendere.* C'est la source de cet antique *droit des pairs*, sur lequel il faut faire une observation qui nous convaincra plus que jamais de l'ignorance profonde des législateurs modernes et du mépris qu'ils faisoient de l'histoire et des lois de leur nation.

Ce *droit de pairie*, qui n'est originairement que le droit d'être jugé par ses pairs, s'étendoit autrefois indistinctement à tous les Français. Il est vrai qu'ils étoient tous nobles ; car la distinction primitive de la noblesse et de

la roture n'étoit autre chose que la dif-
férence d'un Franc à un Romain. Tous
les citoyens devoient donc être jugés
dans l'assemblée de la nation , et le Roi
ne pouvoit connoître d'aucune affaire
hors de ce conseil , qui fut appelé , par
cette raison , *la cour des pairs*. Mais , à
mesure que ces assemblées générales
diminuèrent , le *droit de pairie* , comme
la noblesse , se trouva réduit à ceux qui
les composoient , et , par ce moyen ,
un droit commun devint un privilége.

Cependant le principe n'est pas
changé , et ce *droit des pairs* demeure
fondé sur ce que l'ancienne jurisprudence avoit de plus équitable et de plus
pur (1).

---

(1) Gentilhomme , *homo gentis* , étymologie

Ouvrons maintenant nos constitutions : nous verrons, dans la première,
les législateurs de 89 prononcer, du
haut de leur raison, qu'*il n'y a plus ni
noblesse, ni pairie, ni distinctions héréditaires*, etc. etc., sans se douter le
moins du monde de l'extrême diver-
sité de ces priviléges, et sans savoir que
le *droit de pairie*, essentiellement national dans son origine, pouvoit être
ramené au droit commun et à la source
même de la justice. Ouvrons ensuite la
dernière constitution, et nous auron sle
plaisir de voir ces mêmes hommes, sous
la toge sénatoriale, convertis à de plus
beaux sentimens, revendiquer pour eux-
mêmes ce droit des premiers pairs de

---

qui rappelle à la fois et le droit commun et sa
première origine.

France , à titre de *privilége* et de *distinction héréditaire* , tant ils sont jaloux
de montrer leur réconciliation parfaite
avec l'ancienne monarchie !

Quiconque réfléchira sur ce rapport
exact qui lie les antiques traditions des
Francs avec les plus augustes monumens
de notre histoire , sentira bien que des
institutions qui se recommandent par
une durée de dix-sept cents ans , peuvent
imposer quelque respect à la raison de
notre siècle.

Ce trésor de nos antiquités est si
riche en maximes du droit public , que
c'est là seulement qu'il faut chercher
les moyens de résoudre tant de questions
politiques qui demeurent incertaines ,
faute de remonter à la source. Je n'en
apporterai qu'un exemple , mais qui me
paroît décisif et concluant. La liberté

de la presse est une de ces questions délicates, embarrassées d'une foule d'objets secondaires, qui semblent s'obscurcir à mesure qu'on les envisage, tant elles présentent de faces diverses et de jours équivoques. Sans cesse agitée, jamais résolue, elle laisse encore en ce moment les esprits flotter dans le vague du doute ; c'est comme une arène toujours ouverte aux passions des partis contraires. Mais tant qu'on se bornera, de part et d'autre, à rassembler les avantages ou les inconvéniens d'une pareille liberté, de quelques couleurs qu'on s'étudie à les peindre, quelques ressources que l'esprit et l'éloquence déploient dans cette énumération oratoire, ils n'empêcheront pas l'opinion d'errer dans une mer d'argumens opposés dont le flux et le reflux ne permettent aucun repos ; et l'on ne trouvera de point fixe à la raison que sur le fonde- ment même des lois et des institutions monarchiques.

En effet, si quelque vérité peut s'appuyer sur ce concours de raisons et d'autorités que l'histoire a fait passer sous nos yeux, rien n'est plus solidement établi, sans doute, que le droit national de donner son avis et son suffrage dans les matières proposées. L'exercice de ce droit, aussi ancien que Clovis, par les monumens de nos lois, et plus ancien encore par les traditions, étoit le motif même de ces grandes assemblées, de ces conseils généraux de la nation, dont j'ai rappelé l'origine, et loin de trouver aucune loi qui le puisse combattre, il est lui-même un des élémens nécessaires et constitutifs de la loi.

Car il faut remarquer que si, dans la succession des temps, ces grandes assemblées législatives ont été réduites à un plus petit nombre d'assistans, c'est que la nation plus nombreuse et plus étendue ne pouvoit se rassembler en un même lieu pour y délibérer en commun. Ce fut donc ce qui introduisit la voie de la représentation que nous avons vue subsister, avec plus ou moins de latitude, mais d'une manière inaltérable, dans tous les âges de la monarchie française. Ainsi la forme fut resserrée, mais sans rien perdre du fond. Il est trop évident que le corps de la nation ne pouvoit souffrir aucune déchéance dans ses droits, par la raison d'une impuissance qui attestoit sa grandeur.

Cette vérité fut si constante et tout à la fois si respectée, que même aux

approches d'une révolution qui devoit
"tout méconnoître , elle fit sentir unani-
mement aux esprits de tous les ordres,
que les représentans d'un peuple ne
pouvoient êtr eque ses mandataires ,
chargés d'exprimer , non pas *la volonté*,
comme le disoient les révolutionnaires ,
mais le suffrage et le vœu de leurs commettans ; en sorte que les premiers législateurs qui attaquèrent cette doctrine
des siècles , et qui se crurent les hé-
rauts de la liberté , en secouant le joug
de leurs mandats , ne firent réellement
qu'attenter au droit le plus essentiellement libre et national.

C'est sur la notion la plus exacte de
ce droit primitif , que se fonde le pro-
digieux ascendant de l'opinion et de
l'esprit public , que la sage autorité de
nos Rois a souvent consulté avec fruit ,

et toujours respecté. Ils y voyoient l'expression de nos suffrages et de nos
sentimens , selon l'antique usage de la
monarchie , mais une expression plus
libre, plus sincère, plus filiale que celle
des magistrats , trop voisins peut-être
du pouvoir, pour ne pas se plaire quelquefois à le contredire. Et , d'ailleurs ,
qui a jamais pensé que toute la sagesse
fût tellement renfermée dans ce petit
nombre de têtes , choisies pour représenter les autres , qu'aucun citoyen
exclus de ce choix ne pût ouvrir un avis
utile , ou proposer quelque vérité salutaire ? Il falloit donc qu'une voie demeu-
rât toujours ouverte à cet esprit de raison et de conseil , autorisé par le droit
ancien. Or, la liberté de la presse est
devenue, par le progrès des arts, non-
seulement l'organe le moins équivoque

de cet esprit public , mais même l'organe nécessaire d'une nation si popu-
leuse , répandue sur un vaste territoire.
Elle est la juste compensation de ce
droit de suffrages , que nous avons vu
sagement restreint dans sa forme , jamais
aliéné dans son principe : et cette même
liberté , rappelée à la source du droit
commun , demeure inattaquable dans
cet enchaînement de conséquences qui
nous y a conduits.

Mais , à présent , quelle sera la juste
mesure de ce droit , et par quelles règles
sûres pourra-t-on réduire l'impétueuse
licence des écrits à ce caractère de liberté
noble et judicieuse, qui respire dans tous
nos monumens? Seconde question, également facile à résoudre par la même
doctrine. En effet , si l'on s'est bien
pénétré de la force et de la lumière

de ce principe, que la raison de l'ordre est éminemment la raison de la société, on arrivera sans peine à ce point fixe que nous cherchons au-dessus de cette mer orageuse des passions humaines.

Eh ! qu'est-il besoin de remuer ce qui est établi, d'agiter ce qui est fixe et constant ? Législateurs d'un jour, ce sont vos nouveautés qui ébranlent les colonnes de l'ordre social. Prenez l'antiquité avec ses lois éternelles, et toute incertitude s'évanouit.

Et, en effet, la mesure de la liberté d'écrire est déterminée depuis quatorze cents ans, par la mesure même de la liberté de parler, qui faisoit l'essence de notre constitution primitive, à l'époque des premiers *mallus* de la loi salique. Que pouvoit dire un citoyen dans ces assemblées ? L'antiquité nous répondra :

Tout , sur les questions proposées , et non fixées par les lois de l'Etat , mais rien contre ces mêmes lois. Voilà notre mesure et notre règle. Ainsi le vouloit la raison de l'ordre ; ainsi le veut-elle encore ; et nul homme , quelle que soit son autorité , ne peut en appeler de cette raison générale à sa raison particulière.

Héritage des siècles, les lois de l'Etat passent des pères aux enfans ; elles sont la propriété commune et sacrée. Les attaquer, sous prétexte de liberté, c'est attaquer la liberté même.

Ces philosophes du siècle dernier, qui se croyoient des esprits libres, parce qu'ils se jouoient de tous les principes reçus , étoient donc les plus grands ennemis de la liberté publique ; et ce fut une bien fatale erreur de quelques ministres d'Etat , trop peu profonds dans la doc-

trine monarchique , de tolérer , de favo-
riser même , comme un légitime essor
de l'esprit humain , cette audace présomptueuse qui remettoit en question
toutes les lois de la société. « C'est un
» jeu sûr pour tout perdre, » dit Pascal.

Rien ne put se soutenir: vérités politiques, dogmes religieux , maximes héréditaires , usages consacrés , mœurs ,
lois , pudeur , conscience , tout fut en
proie à ce vaste incendie de l'erreur ; et,
l'abîme une fois ouvert , il fallut descendre du sommet de la perfection sociale , jusqu'aux derniers degrés de la
barbarie sauvage. Mais, après cette longue
anarchie de la raison humaine , il faut
rappeler à la lumière les tables antiques
de nos lois , et les représenter au peuple
comme les règles précises et la juste
mesure de sa liberté. Il faut que ceux qui

les ont méconnues, comme ceux qui les ont ignorées, puissent voir de leurs yeux, et toucher de leurs mains le corps même de ces lois, désormais écrites et rassemblées. C'est là, sans doute, le motif le plus puissant, je ne dirai pas d'une *constitution nouvelle*, expression réprouvée par la raison, mais d'un nouveau recueil des lois anciennes de la monarchie; car je suppose un moment que cette *constitution* déclare et promulgue de nouveau ces lois fondamentales fixées sous Clovis, et dont la source vient de plus haut : que *le gouvernement de la France est monarchique ; que le pouvoir est un et indivisible ; que le trône est héréditaire dans la famille régnante, conformément au principe de la loi salique ; que la religion catholique et romaine est la religion de l'Etat , etc.,*

dira-t-on, je le demande, que ce soient
là des institutions et des lois nouvelles ?
Ne seroit-ce pas leur faire injure, que
de les présenter avec ce caractère ? Y
a-t-il , dans aucun de ces dogmes ,
quelque vérité inconnue jusqu'à nos
jours, qui constitue la France sur de
nouvelles fondations ? Sont-ce là enfin
des pensées que le législateur moderne
tire de sa raison privée, pour en faire
la loi de tous ? Ne sont-ce pas plutôt des
faits reconnus , des faits anciens et incon-
testables , des faits dont l'histoire et
l'univers sont remplis ?

Mais allons plus loin : est-il au pouvoir du législateur de nier ou d'altérer
ces faits ? peut-il dépouiller tout un
peuple de la succession de ses lois , de
ses institutions, de la foi de ses ancêtres,
au mépris non-seulement de la raison ,

mais d'une possession légitime de plus
de treize cents ans? S'il croyoit avoir
une autorité si funeste, et s'il préten-
doit l'exercer, en introduisant dans l'Etat
quelque principe nouveau, ce seroit re-
commencer encore et la philosophie et
la révolution, et remettre incessamment
en problème toutes les vérités sociales.
Car, enfin, l'innovation sera-t-elle plus
respectable et plus assurée contre le
changement que la loi ancienne qu'elle
aura dépossédée? et quelle autorité nouvelle pourra donc fixer jamais ces vérités, si l'antiquité ne l'a pu faire? Où
nous arrêterons-nous, dans ce cercle
immense du chaos? car les sages l'ont
appris. Les nouveautés légères enfantent
les nouveautés désastreuses; et, dans
cette suite d'abîmes qui s'appellent, où
sera le repos de l'erreur?

Il faut donc un point fixe, un fondement stable à la société ; et ce point si
désirable, est le Terme sacré de ces lois
fondamentales, reçues, promulguées,
sanctionnées par les siècles.

S'il existe un homme qui croie trouver
dans sa raison une autorité plus forte et
plus imposante, qu'il paroisse et qu'il
se nomme ; que tout le peuple assemblé
le voie et l'examine. A-t-il le caractère
divin du législateur ? Ses mains sont-elles
pures ? son cœur est-il demeuré l'asile de
la vertu, au milieu des ruines de tous
ses temples ? La foi antique, l'honneur
incorruptible, l'humanité sainte, se
sont-elles réfugiées dans ce sanctuaire,
lorsqu'elles étoient bannies du monde ?
a-t-il traversé sans tache cet abîme de
sang et de ténèbres, où la Révolution, ce
monstre dont le nom seul glacera d'é-

pouvante les générations futures, nous
a traînés de crime en crime, et d'erreur
en erreur, depuis le berceau de l'enfance jusqu'à la tombe des vieillards ?
Ce n'est pas assez ; et dans ces temps où
tout fut persécuteur ou victime, étoit-il
au premier rang des martyrs ? s'est-il vu
précipiter du faîte des grandeurs, sans
rien perdre de la dignité de sa personne ?
a-t-il bu la coupe amère de l'adversité,
sans que son cœur se soit refroidi pour
les hommes ? sait-il enfin pardonner
l'injure, embrasser le coupable, et pleu-
rer, quoiqu'innocent, avec le repentir ?
O prodige ! Il existe un homme de ce
caractère. Je vois sur son front les
palmes du martyre, couvrant de leur
ombre un diadème ensanglanté. Les saints
et les héros des vieux temps semblent
revivre autour de lui. Une partie de son

sang est déjà dans le ciel ; le reste con‑
sole et édifie la terre. La vertu, sous
une forme angélique, l'accompagne, lui
sourit, comme sa fille, le révère comme
un maître, et donne à l'univers l'exemple
de l'amour et du respect.

Ah ! sans doute un tel homme pourroit
être le législateur du genre humain, et
amollir, comme Orphée, les tigres les
plus sauvages ; mais, comme lui, il ne
seroit que *l'interprète du Dieu* qui régit
les empires (1) ; et sa raison sublime
tireroit sa doctrine et son pouvoir de
cette source sacrée, qui est elle-même
la raison de tous les siècles.

Ainsi les autorités, comme les prin‑
cipes, nous ramènent toujours à ces lois

---

(1) *Sacer interpresque deorum.*

HOR.

antiques de la société. Elles sont, dans
le ciel du monde moral, le point fixe
autour duquel se meuvent tous les astres
intelligens qui doivent répandre la lumière de la vérité. L'aberration la plus
légère troubleroit l'harmonie sociale;
et cette raison impérieuse de l'ordre,
qui renferme la toute-puissance des lois,
dit à la liberté de penser et d'écrire :
« Tu viendras jusqu'à ce terme; et là, le
» torrent de la licence verra briser l'or-
» gueil de ses flots. » Enfin, pour con-
clure, dans cette grande question de la
liberté de la presse, qui en renferme
tant d'autres, si vous exceptez ce petit
nombre de principes fondamentaux fixés
par les lois générales de l'Etat, tout le
reste forme l'immense et libre domaine
de la controverse.

Mais ces lois même qu'il faut respecter, comme le bien commun de tous les citoyens, ouvrent encore à l'esprit humain une source profonde de doctrine et d'éloquence : car il faut creuser ce fonds de vérités anciennes, pour en sentir la beauté, pour en développer les avantages, pour enrichir de plus en plus le trésor de ses preuves et de ses monumens ; enfin, pour accroître, de siècle en siècle, l'amour et la vénération des peuples. Ecrivains modernes, vous plaindrez-vous de ces limites, comme si votre esprit étoit sans bornes ? aurez-vous peur de manquer de génie, quand vous n'insulterez plus aux fondemens de la société ? n'y a-t-il donc de génie que dans la contradiction ? et la vérité vous sera-t-elle moins aimable, parce qu'elle sera plus respectée ? Ennemie des entraves, votre raison libre et fière craint de ne pouvoir respirer à l'aise dans ce champ si fertile et si spacieux. Ah ! soyez aussi vastes que lui , c'est assez. Ayez seulement du génie comme Bossuet ; ne soyez pas plus profonds que Pascal , ni plus éloquens que Fénélon. Ecrivez comme La Bruyère ; intéressez, touchez , remuez les cœurs , comme Massillon ; raisonnez comme Bourdaloue ; et, si vous l'aimez mieux, soyez poëtes, comme l'auteur de Polyeucte ou celui d'Athalie. Votre siècle et la postérité ne vous en demanderont pas davantage.

On pourroit appliquer à une foule d'autres points en contestation cette doctrine du droit commun que les antiquités de notre monarchie fortifient d'une si grande autorité. Mais les circonstances sont aussi délicates que pressantes ; et je me hâte de revenir à nos questions principales d'où il faut déduire deux conséquences d'une application indispensable. L'une, que les corps délibérans ne doivent pas être en permanence, et l'autre, qu'au Roi seul appartient l'initiative des lois.

Tous les hommes sages comprennent, depuis long-temps, la nécessité de prévenir ce débordement de motions populaires qui, dans les temps de calamités, devient l'auxiliaire le plus dangereux de l'ambition et de l'intrigue. Qui est-ce, en effet, qui remue dans les cœurs ce fond d'inquiétude et de chagrin, source féconde de révoltes? D'où partent ces foudres et ces tempêtes qui ébranlent les Etats? Quels en sont les artisans? Ce n'est pas, sans doute, dans les classes modestes et laborieuses qu'il faut les

chercher, et le peuple dont la longue
patience a lassé sous nos yeux jusqu'à
l'orgueil du tyran, peut apprendre au
Roi légitime combien il a d'empire sur
le cœur d'une nation qu'il rend heu-
reuse. Il est vrai qu'il ne faut pas laisser
agiter par l'erreur ce limon des passions populaires qu'on ne remue jamais
impunément. Mais n'est-ce pas dans les
assemblées que naissent et fermentent
ces principes de discorde ? n'est-ce pas
parmi ces têtes inquiètes et ardentes ,
qui ne rêvent que des nouveautés dan-
gereuses à l'Etat , parmi ces vains dis-
coureurs , follement épris des charmes
grossiers d'une éloquence tribunitienne ?
n'est-ce pas , enfin , parmi les conseillers
même du prince , et , s'il faut le dire ,
parmi ses favoris, que la multitude des
grâces et des honneurs ne rend que

plus jaloux et plus insatiables du pouvoir ? Qui de nous ne trembleroit encore
à l'idée de voir renaître des assemblées
perpétuellement délibérantes, des assemblées investies et armées de cette
faculté incendiaire, de ce pouvoir des
motions, emprunté des Anglais, et
qui fut pour nous ce cheval de bois, cet
instrument de ruine, introduit avec
tant d'empressement dans la malheu-
reuse Ilion?

Illa subit, mediæque minans illabitur urbi,
O patria!

Il n'y a pas une des feuilles sanglantes
de nos annales révolutionnaires qui ne
réclame contre une pareille institution.
Mais je consens à prendre plus haut des
exemples aussi touchans et peut-être plus
instructifs.

Si ce fatal principe ne fut pas la première cause, il fut du moins l'instrument
le plus actif de cette révolution de 1688,
qui acheva de précipiter du trône d'Angleterre l'ancienne maison des Stuart.
Cette leçon est frappante et digne d'une
éternelle mémoire.

Après la violente oppression de Crom-
vvel et la courte anarchie de son suc-
cesseur, il sembloit que l'Angleterre,
lassée de tant d'erreurs, alloit se reposer
dans les bras de son roi. Charles II avoit
été reçu avec tant de marques d'amour
et d'empressement par toute la nation,
qu'on ne pouvoit douter que ce sentiment
ne fût sincère et général. Mais ce malheureux prince se laissa dicter des lois
par ceux que la reconnoissance devoit
mettre à ses pieds. Le parlement qui
paroissoit applaudir avec tout le peuple

à son retour, mais plein, au fond, de
ses ennemis secrets, et tout infecté du
venin des anciennes factions, ne tarda
pas à faire avorter de si belles espérances. On vit alors commencer la lutte
la plus odieuse entre l'ingratitude et la
bonté, toutes deux également extrêmes.
On vit des flatteurs de Cromwel, sou-
ples reptiles que la crainte avoit fait ram-
per aux pieds d'un tyran, se redresser
fièrement à la promesse de l'impunité,
outrager le roi qui leur pardonnoit en
père, et forger insolemment des entraves
à la majesté royale. Des insensés, qui,
tout récemment, avoient vu l'Etat renversé par les passions de la multitude,
ne parloient que d'affoiblir la digue qui
pouvoit contenir ce torrent. Aucune
concession du monarque, aucune condescendance ne put arrêter dans leurs

complots, deux chambres presqu'également factieuses, qui sembloient n'avoir offert la royauté à Charles II, qu'à condition qu'il ne régneroit pas. Qui le croiroit, si l'histoire n'en rendoit témoignage ? Ces corps délibérans, devenus le centre de toutes les ambitions, le foyer de toutes les révoltes, flatteurs corrompus ou injustes détracteurs de l'autorité, selon l'intérêt ou le caprice, poussèrent l'insolence du despotisme jusqu'à tyranniser le Roi dans ses affections les plus intimes. Chaque jour vit éclore des motions nouvelles, ou insidieuses ou téméraires. Tantôt on affectoit de le craindre, et l'on vouloit être rassuré par de nouveaux actes de religion qui dégradoient son caractère. Tantôt on s'étudioit à le braver, pour surprendre le secret de sa foiblesse. On en vint jusqu'à lui demander avec hauteur l'exil du duc d'Yorck, de son frère, prince catholique, dont on redoutoit les conseils vigoureux et les talens militaires. Pressée jusqu'au cœur, l'autorité n'eut plus que des extrémités pour asile. Il fallut ou détruire ses ennemis ou se perdre soi-même. Le choix n'étoit pas douteux pour le salut de l'Etat. Mais l'expérience n'est d'aucun fruit sans les principes. L'exemple d'un usurpateur qui avoit tout osé impunément, ne put donner le secret de sa force à un Roi légitime. Entraîné de complaisance en complaisance, par des motions toujours croissantes, voyant la rébellion se fortifier et s'enrichir des pertes successives de l'autorité royale, l'infortuné Charles II, après une vie trop voluptueuse pour un homme, et trop agitée pour un souverain, laissa cet héritage de troubles à son frère, et prépara de loin la ruine de sa maison.

A Dieu ne plaise qu'une telle infortune puisse jamais devenir l'objet de nos alarmes ! Je sais trop bien ce qu'il faut imputer dans ces malheurs au caractère particulier du monarque , et à l'influence de la religion anglicane, triste et malheureux fruit des passions de Henri VIII. La France, plus heureuse , trouve aujourd'hui sa sécurité dans les vertus d'un Roi dont les lumières égalent la bonté. Mais il faut le dire , ce n'est pas le caractère du prince le plus magnanime et le plus éclairé qui peut faire la garantie et la stabilité des Etats ; ce sont les principes , les lois , les institutions de la véritable monarchie : les Rois meurent, les principes sont immortels.

C'est donc à ces antiques et solides fondemens de notre patrie que j'ose rappeler tous les Français. L'alternative est inévitable : Il faut y revenir pleinement et sincèrement, ou nous y serons ramenés par la force invincible des choses. Nous nous débattrons en vain sous les coups de cette main foudroyante, qui presse également, et les peuples et les hommes, de sortir des voies de l'erreur. *Qui peut lui résister et connoître la paix?* C'est le bras de celui qui dit aux nations abattues, comme au persécuteur renversé sur le chemin de Damas : *Il vous est dur de regimber contre l'aiguillon.* Et pourquoi résister à cette voix qui se fait entendre jusqu'aux extrémités du Monde ?

La dernière expérience qui consomme les destinées de la Révolution française,

en révèle le profond dessein à toute la
terre. C'est, j'ose le dire, la démons-
tration par les faits de toutes les vérités
politiques et religieuses qui intéressent
l'ordre social ; c'est la preuve mise en
action : mais quelle action ! et quel
théâtre ! Dans la capitale du monde
civilisé , comme dans le lieu de la scène ,
tous les Rois rassemblés , ainsi que les
acteurs d'un vaste drame, pour assister
à la catastrophe qui dénoue tous les fils
de cette longue et pénible intrigue !
Mais ce dénoûment si prompt , si facile, si naturel , est lui-même le comble
du prodige : il décèle l'art divin qui a
présidé à la conduite de toute la pièce ;
jamais , depuis que les nations chré-
tiennes vivent sous la foi d'une Providence, son intervention n'a paru plus
sensiblement dans les affaires humaines.

A ce dernier coup de sa main , monar-
ques ou sujets , chrétiens ou philosophes,
foibles esprits ou génies perçans , tous
les spectateurs de l'univers s'en retour-
neront frappés des mêmes traits d'une
lumière victorieuse. Il n'est plus temps
de douter : il faut croire ce que l'on
voit ; il faut entendre les faits qui parlent et qui tranchent les questions incertaines. Les deux grands scandales de
la société , la licence et la tyrannie ,
ont disparu tour à tour, et la Providence
s'est pleinement justifiée de leurs succès
passagers par leur éternelle ignominie :
l'ignorance et l'incrédulité demeure-
roient sans excuse. Il ne s'agit plus de
leur proposer des principes contestés, où
l'orgueil cherche une vaine pâture à
d'interminables disputes, mais des con-
clusions pleines d'une autorité invin-

cible, et revêtues de la sanction souveraine de l'expérience. Ce n'est plus l'homme qui parle à l'homme, c'est la vérité même qui proclame ses jugemens pour l'instruction des peuples et des Rois : *Et nunc, Reges, intelligite*, etc.

Il est donc un ordre vraiment céleste qui régit les sociétés : il est une puissance légitime, émanée de Dieu même, instituée pour le bonheur, et non par la volonté des peuples : ils ne peuvent s'en affranchir sans devenir esclaves : l'indépendance est donc le chemin de la servitude ; et les Etats, comme les hommes, ne trouvent la vraie liberté que sous le joug de l'ordre : cet ordre est la constitution nécessaire des nations éclairées ; elles n'en sortent qu'avec violence, et la liberté qui les en écarte suffit aussi pour les en punir. Au contraire, elles y rentrent sans effort , et comme par le besoin secret d'un penchant naturel. Détrompées par le malheur, elles retournent, comme l'enfant prodigue , au pouvoir paternel qui leur tend les bras, et la paix la plus solide est le prix de cette réconciliation.

Le peuple qui donne au Monde un tel spectacle est un grand exemple en politique et en morale : rien ne manquera désormais, ni au bonheur, ni à l'instruction de ce peuple qui, après avoir éprouvé tous les systèmes , essayé toutes les doctrines, usé toutes les formes de constitution et de gouvernement, épuisé, enfin , tous les raffinemens de l'oppression, sous le nom de liberté , toutes les extravagances de l'impiété, sous le nom de philosophie , se retrouvant, après vingt-cinq ans d'agitations

et de malheurs, au même point d'où il
est parti, avec l'immense regret de
tant de sacrifices perdus, de tant de
sang inutilement prodigué, n'en sentira
que plus profondément la nécessité de
l'ordre et du pouvoir légitime.

C'est, en effet, à ce grand et puissant principe de la légitimité qu'il faut
attribuer le cours rapide de tant d'événemens qui, tout imprévus et tout
inespérés qu'ils étoient, il y a trois mois,
semblent, par la promptitude mer-
veilleuse de leur accomplissement, avoir
trouvé toutes les volontés disposées à y
concourir. Après avoir levé les yeux
vers la cause première de ces prodiges,
il est juste, sans doute, d'admirer les
nobles instrumens qui l'ont servie, et
dont le parfait concert est lui-même une
autre merveille ; mais on doit à la vé-

rité ; comme à la gloire de la France ; de reconnoître que le seul nom de son Roi légitime, sans armée, a été pour les souverains de l'Europe un digne et puissant auxiliaire.

Eh ! quel autre que le nom de Bourbon pouvoit leur frayer le chemin de la victoire au centre de nos provinces ? Quel autre pouvoit suspendre , comme par enchantement, la fureur des combats au sein même de la guerre, arracher à la tyrannie ses dernières victimes, à l'ambition ses espérances , à l'orgueil ses retranchemens , à la gloire même ses illusions ? Quel autre pouvoit désarmer les plus justes vengeances , éteindre la haine dans les cœurs les plus envenimés , rassembler sous un même étendard tant de nations rivales qui sembloient condamnées à des divisions éternelles , tant de partis furieux, tout étonnés encore de se voir embrassés dans les liens de la paix? Quel autre, enfin, que ce nom sacré pourroit aujourd'hui payer avec usure les généreuses avances de tant de Souverains, en leur ouvrant sans combat cette foule de places inexpugnables dont le siége eût consumé leurs forces, et en leur épargnant les chances toujours redoutables d'une longue guerre dans un climat étranger ?

Ces événemens sont sans exemple dans les annales politiques de l'Europe; ils attestent la grandeur du principe qui en revendique tout l'honneur : et qui sentira bien cette force secrète et invincible qui lie la conséquence à son principe et l'effet à sa cause, ne craindra jamais de voir l'ordre de la Providence rétrograder dans sa marche.

Plein d'une juste confiance, mais sans précipitation dans ses désirs, il attendra de la sage maturité du temps le progrès inévitable du bien, et goûtera dans la joie du présent la sécurité de l'avenir.

Quel gage de félicité pourroit manquer à nos désirs, après le don que le ciel nous a fait ? Déjà la déclaration du Roi a ouvert tous les cœurs à l'espérance d'une constitution monarchique. Le premier principe de cet acte vraiment royal, qui rappelle le pouvoir à sa source véritable, justifie seul toutes les grandes qualités que l'Europe a reconnues depuis long-temps dans Louis XVIII : il annonce à la France un monarque et un père capable de satisfaire l'ardent besoin qu'elle éprouve d'aimer et d'estimer son souverain. Que dis-je ?

« Nos maux sont oubliés à votre vue ;
toutes les afflictions sont comme abî-
mées dans le sentiment de la vôtre. »
Ah ! depuis vingt-cinq ans les calamités
publiques et privées étoient en harmonie avec les infortunes royales. On
pleuroit sur la terre natale, comme sur
les rives étrangères, ou plutôt l'exil
étoit partout, quand la patrie n'étoit
plus nulle part. Orpheline éplorée, la
France redemandoit un père qu'une
longue séparation devoit lui rendre si
cher et si précieux, tandis que ce cœur
paternel, sous les traits les plus amers
de l'adversité, ne sentoit que le malheur
de ses enfans. Ainsi se formoit, entre
le peuple et le monarque, ce concert
de douleurs unanimes qui devoit toucher le ciel. Ainsi se resserroient dans
les larmes ces nœuds sacrés et hérédi-

taires de l'amour de nos Rois. Enfin, Dieu même achevoit l'image de saint Louis, avant de la rendre à nos adorations. Tout s'unissoit par l'infortune ; et au terme d'une si longue et si douloureuse oppression, la France ne pouvoit retrouver le repos qu'entre les bras d'un Roi si noblement consacré par le malheur.

FIN.